Alexsandra Araujo, fsp

NOVENA A
CARLO ACUTIS

Paulinas

Dados Internacionais de Catalogação na Publicação (CIP)
Angélica Ilacqua CRD-8/7057

Araújo, Alexandra
 Novena a Carlo Acutis / Alexsandra Araujo. - São Paulo : Paulinas, 2024.
40 p. (Coleção Confia em Deus)

 ISBN 978-65-5808-278-1

 1. Igreja Católica - Orações e devoções 2. Carlo Acutis 3. Santos cristãos I. Título II. Série

24-2107   CDD 242.72

Índice para catálogo sistemático:

1. Igreja Católica – Orações e devoções

1ª edição – 2024
1ª reimpressão – 2025

Direção-geral: *Ágda França*
Editora responsável: *Marina Mendonça*
Revisão: *Ana Cecilia Mari*
Gerente de produção: *Felício Calegaro Neto*
Produção de arte *Elaine Alves*

Nenhuma parte desta obra poderá ser reproduzida ou transmitida por qualquer forma e/ou quaisquer meios (eletrônico ou mecânico, incluindo fotocópia e gravação) ou arquivada em qualquer sistema ou banco de dados sem permissão escrita da Editora. Direitos reservados.

Cadastre-se e receba nossas informações
paulinas.com.br
Telemarketing e SAC: 0800-7010081

Paulinas

Rua Dona Inácia Uchoa, 62
04110-020 – São Paulo – SP (Brasil)
📞 (11) 2125-3500
✉ editora@paulinas.com.br

© Pia Sociedade Filhas de São Paulo – São Paulo, 2024

"A felicidade é o olhar voltado para Deus!"
Carlo Acutis

Todas as músicas podem ser encontradas na playlist criada especialmente para esta novena. Aproxime a câmera do seu celular do QR Code e acesse a playlist no aplicativo de música de sua preferência.

Carlo Acutis: um jovem modelo para o nosso tempo

Carlo Acutis nasceu em 3 de maio de 1991 no Reino Unido. Seus pais, originários de Milão, na Itália, estavam trabalhando por um curto período em Londres, na Inglaterra, para onde voltaram pouco depois do nascimento do filho, em setembro do mesmo ano. Viveu uma vida breve e intensa, marcada, sobretudo, pela devoção a Santíssima Virgem Maria e a Jesus Eucarístico. Após uma leucemia fulminante, faleceu em 12 de outubro de 2006. Foi beatificado em 10 de outubro de 2020 e sua memória litúrgica é celebrada no dia 12 de outubro. Será canonizado em 2025, durante o Jubileu da Esperança.

Foi um jovem que cultivou o desejo de servir a Deus e fazer o bem, inserido em sua realidade. Em nada foi extraordinário, senão no amor a Deus e aos irmãos, atento às necessidades ao seu redor, com uma sensibilidade aos mais necessitados e às exigências da evangelização.

Tinha grande amor pela Eucaristia e pela Igreja, o que o motivou a testemunhar e divulgar os grandes milagres eucarísticos, como forma de mostrar que Jesus está presente no meio de nós e não se cansa de nos amar e nos chamar à conversão do coração.

Carlo gostava muito de tecnologia. Ele soube utilizar a internet para tornar Jesus Cristo mais conhecido e amado. A partir de sua experiência com Jesus, ele descreveu como gostaria de viver a vida: "Com Jesus, por Jesus, em Jesus".

Este jovem, apesar de sua breve passagem nesta terra, deixou-nos um profundo testemunho de amor por Jesus Cristo, que, para ele, "era o seu projeto de vida", e pela Virgem Maria, a quem sempre demonstrou devoção, por meio do Santo Rosário, com o qual, com fidelidade, rezava todos os dias, pois, para ele, "era a escada mais curta para subir ao céu".

É possível viver a santidade nos tempos atuais; basta viver o amor e em tudo buscar a vontade de Deus.

Ir. Bárbara Santana, fsp
Ir. Sheila Araújo, fsp

1º DIA

Vida em família

Em nome do Pai e do Filho e do Espírito Santo. Amém!

Oração inicial

Ó Deus, nosso Pai, obrigado por nos terdes dado Carlo, modelo de vida para os jovens e mensagem de amor para todos. Vós fizestes com que ele se apaixonasse pelo vosso Filho Jesus, fazendo da Eucaristia a sua "rodovia para o céu". Amém.

Conhecendo Carlo Acutis

"Todos nascem como originais, mas muitos morrem como fotocópias."

O jovem Carlo Acutis, em sua breve vida, nutria uma profunda convivência familiar, seja com seus pais, seja com a sua avó, pela qual tinha um carinho muito grande. A boa experiência em família foi alicerce para Carlo viver a solidariedade, a compaixão e o amor ao próximo.

Leitura bíblica

"E, tendo tomado um pão, pronunciou a ação de graças, partiu e lhes deu, dizendo: 'Isto é meu corpo, que é dado por vós; fazei isto em minha memória'. E, depois da ceia, fez o mesmo com o cálice, dizendo: 'Este cálice é a nova aliança com meu sangue, que é derramado por vós'" (Lc 22,19-20).

Reflexão

Estes dois versículos, que apresentam o ponto forte da última ceia de Jesus, nos ajudam a refletir que, assim como o Mestre, o qual nos convida a fazer memória de sua entrega e amor a cada um de nós, do mesmo modo viveu Carlo Acutis, esse jovem que soube viver essa aliança com Deus, sempre em favor da humanidade.

Refrão orante

Te adoro, Deus da Vida
(Ir. Verônica Firmino, fsp – Paulinas-COMEP)

Te adoro, Pão do céu
Te adoro, Hóstia Santa
Jesus Cristo, meu Senhor
Te adoro, Hóstia Santa
Jesus Cristo, meu Senhor. (bis)

Oração final

Ó Deus, nosso Pai, obrigado por nos terdes dado Carlo, modelo de vida para os jovens e mensagem de amor para todos. Vós fizestes com que ele se apaixonasse pelo vosso Filho Jesus, fazendo da Eucaristia a sua "rodovia para o céu". Vós lhe destes Maria, como mãe amadíssima, e fizestes dele, com o Rosário, um cantor da sua ternura. Aceitai a sua oração por nós. Olhai especialmente para os pobres, que ele amou e socorreu. Concedei também a mim, pela sua intercessão, a graça de que eu preciso [*fazer o pedido*], e tornai plena a nossa alegria, colocando Carlo entre os santos da vossa Igreja universal, para que o seu sorriso resplandeça ainda para nós, para a glória do vosso nome. Amém.

Pai-Nosso, Ave-Maria, Glória.

2º DIA

Alegria de viver

Em nome do Pai e do Filho e do Espírito Santo. Amém!

Oração inicial

Ó Deus, nosso Pai, obrigado por nos terdes dado Carlo, modelo de vida para os jovens e mensagem de amor para todos. Vós fizestes com que ele se apaixonasse pelo vosso Filho Jesus, fazendo da Eucaristia a sua "rodovia para o céu". Amém.

Conhecendo Carlo Acutis

"Encontra Deus e encontrarás o sentido de tua vida."

Em 3 de maio de 1991, Carlo Acutis nasce em Londres, em uma família tranquila e estável. Seu batismo se dá na igreja Nossa Senhora das Dores, em 18 de maio de 1991. Em setembro do mesmo ano, sua família se muda para Milão, onde Carlo continua sua formação. As pessoas recordam-se dele, com carinho, como um menino alegre e de bom relacionamento.

Leitura bíblica

"Quem come minha carne e bebe meu sangue tem a vida eterna, e eu o ressuscitarei no último dia, pois minha carne é verdadeira comida e meu sangue é verdadeira bebida. Quem come minha carne e bebe meu sangue permanece em mim, e eu nele" (Jo 6,54-56).

Reflexão

O pequeno Carlo, desde muito cedo, já transparecia sua aproximação com Deus, começando por seu Batismo quinze dias após o seu nascimento. Como ele mesmo dizia, "encontrando Deus, encontraremos o sentido de nossa vida"; estar na presença do Senhor e permanecer nele foi o maior desejo de sua breve vida.

Refrão orante

Jesus é o Senhor
(Ir. Josefa Soares, fsp – Paulinas-COMEP)

Jesus é o Senhor, Jesus é o Senhor!
Jesus é o Senhor, Jesus é o Senhor!
Do céu e da terra, ele é o Senhor
Do tempo e do espaço, ele é o Senhor
Da dor e da alegria, ele é o Senhor
Da morte e da vida, ele é o Senhor
Jesus é o Senhor, Jesus é o Senhor! (bis)

Oração final

Ó Deus, nosso Pai, obrigado por nos terdes dado Carlo, modelo de vida para os jovens e mensagem de amor para todos. Vós fizestes com que ele se apaixonasse pelo vosso Filho Jesus, fazendo da Eucaristia a sua "rodovia para o céu". Vós lhe destes Maria, como mãe amadíssima, e fizestes dele, com o Rosário, um cantor da sua ternura. Aceitai a sua oração por nós. Olhai especialmente para os pobres, que ele amou e socorreu. Concedei também a mim, pela sua intercessão, a graça de que eu preciso [*fazer o pedido*], e tornai plena a nossa alegria, colocando

Carlo entre os santos da vossa Igreja universal, para que o seu sorriso resplandeça ainda para nós, para a glória do vosso nome. Amém.

Pai-Nosso, Ave-Maria, Glória.

3º DIA

Arte de servir

Em nome do Pai e do Filho e do Espírito Santo. Amém!

Oração inicial

Ó Deus, nosso Pai, obrigado por nos terdes dado Carlo, modelo de vida para os jovens e mensagem de amor para todos. Vós fizestes com que ele se apaixonasse pelo vosso Filho Jesus, fazendo da Eucaristia a sua "rodovia para o céu". Amém.

Conhecendo Carlo Acutis

"Estar sempre unido a Jesus, este é meu projeto de vida."

Em 2004, Carlo apresenta-se para colaborar como catequista-auxiliar na preparação ao sacramento da Confirmação, além de participar na Paróquia Santa Maria Segret e na atualização e no desenvolvimento do *site* dessa comunidade. Ele sempre se colocava disponível para todos aqueles que lhe pediam alguma ajuda. Com o passar dos anos, Carlo iniciou os estudos no Liceu Clássico dos Jesuítas.

Leitura bíblica

"Quando chegou o dia de Pentecostes, estavam todos eles reunidos no mesmo lugar. De repente, veio do céu um ruído, como o de uma rajada de vento impetuoso, e encheu toda a casa onde se encontravam. Todos ficaram plenos do Espírito Santo e começaram a falar diferentes línguas, conforme o Espírito lhes permitia expressarem-se" (At 2,1-2.4).

Reflexão

A ação amorosa do Espírito nos impele para uma dinâmica eclesial, sempre em vista da missão deixada por Jesus a cada um de nós, assim como aconteceu com o grupo apostólico. Carlo também assume esse Espírito como dom e graça em sua vida. Como está essa dinâmica também em mim? Peço as luzes do Espírito de Deus para me guiar e ajudar nas decisões no dia a dia?

Refrão orante

Ó vinde, Espírito Santo
(Ir. Verônica Firmino, fsp – Paulinas-COMEP)

Vinde, ó vinde
Vinde, Espírito Santo
Vinde, ó vinde
Vinde, Espírito Santo
Enchei nosso coração com os vossos dons
Acendei em nós o amor com a vossa luz
Vinde, ó vinde
Vinde, Espírito Santo
Vinde, ó vinde
Vinde, Espírito Santo. (bis)

Oração final

Ó Deus, nosso Pai, obrigado por nos terdes dado Carlo, modelo de vida para os jovens e mensagem de amor para todos. Vós fizestes com que ele se apaixonasse pelo vosso Filho Jesus, fazendo da Eucaristia a sua "rodovia para o céu". Vós lhe destes Maria, como mãe amadíssima, e fizestes dele, com o Rosário, um cantor da sua ternura. Aceitai a sua oração por nós. Olhai especialmente para os pobres, que ele amou e socorreu. Concedei também a mim, pela sua intercessão, a graça de que eu preciso [*fazer o pedido*], e tornai plena a nossa alegria, colocando Carlo entre os santos da vossa Igreja universal, para que o seu sorriso resplandeça ainda para nós, para a glória do vosso nome. Amém.

Pai-Nosso, Ave-Maria, Glória.

4º DIA

Coração orante

Em nome do Pai e do Filho e do Espírito Santo. Amém!

Oração inicial

Ó Deus, nosso Pai, obrigado por nos terdes dado Carlo, modelo de vida para os jovens e mensagem de amor para todos. Vós fizestes com que ele se apaixonasse pelo vosso Filho Jesus, fazendo da Eucaristia a sua "rodovia para o céu". Amém.

Conhecendo Carlo Acutis

"O Rosário é a escada mais rápida para chegar ao céu."

No caminho da vida cristã, Cristo é o modelo perfeito e verdadeiro comunicador do Pai. Para Carlo, isso não foi diferente; os testemunhos das pessoas que conviveram com ele, seja amigos, seja familiares, seja os próprios pais, afirmam que Carlo foi um jovem que sempre transpareceu a integridade de vida e o seu testemunho, a partir de sua experiência ativa e contínua com Jesus Eucarístico, permeada de uma vida orante e com a presença materna de Maria.

Leitura bíblica

"Estavam junto à cruz de Jesus sua mãe, a irmã de sua mãe, Maria de Cléofas, e Maria de Mágdala. Jesus, tendo visto a mãe e, a seu lado, aquele discípulo que ele amava, disse à mãe: 'Mulher, eis teu filho'. Depois, disse ao discípulo: 'Eis tua mãe'. E, a partir daquela hora, o discípulo a tomou consigo" (Jo 19,25-27).

Reflexão

Maria é uma presença importante na vida de Jesus, sendo ela quem compreendeu a vontade de Deus para sua vida e que se deixou conduzir por suas mãos. Essa presença mariana também é possível perceber em toda a vida de Carlo Acutis, que rezava constantemente o Rosário e pedia sempre a intercessão dela.

Refrão orante

Ensina-nos a viver a Palavra
(Ir. Verônica Firmino, fsp – Paulinas-COMEP)

Tu que acolheste a Palavra do Senhor
E disseste sim, com fé, alegria e amor
Ensina-nos, ó Mãe, a ouvir e a viver a Palavra
A ouvir e a viver a Palavra do Senhor! (bis)

Oração final

Ó Deus, nosso Pai, obrigado por nos terdes dado Carlo, modelo de vida para os jovens e mensagem de amor para todos. Vós fizestes com que ele se apaixonasse pelo vosso Filho Jesus, fazendo da Eucaristia a sua "rodovia para o céu". Vós lhe destes Maria, como mãe amadíssima, e fizestes dele, com o Rosário, um cantor da sua ternura. Aceitai a sua oração por nós. Olhai especialmente para os pobres, que ele amou e socorreu. Concedei também a mim, pela sua intercessão, a graça de que eu preciso [*fazer o pedido*], e tornai plena a nossa alegria, colocando Carlo entre os santos da vossa Igreja universal, para que o seu sorriso resplandeça ainda para nós, para a glória do vosso nome. Amém.

Pai-Nosso, Ave-Maria, Glória.

5º DIA

Caminho de fé

Em nome do Pai e do Filho e do Espírito Santo. Amém!

Oração inicial

Ó Deus, nosso Pai, obrigado por nos terdes dado Carlo, modelo de vida para os jovens e mensagem de amor para todos. Vós fizestes com que ele se apaixonasse pelo vosso Filho Jesus, fazendo da Eucaristia a sua "rodovia para o céu". Amém.

Conhecendo Carlo Acutis

"A confissão é como fogo que faz o balão subir de novo para o céu."

Para Carlo, a Eucaristia e a confissão eram meios que, administrados pela Igreja, Deus em sua benevolência nos concede, a fim de caminharmos dia a dia em busca da santidade. A frase que o motivava era do Evangelho segundo São Lucas 9,25, e sobre a qual Carlo expressava: "O que adianta uma pessoa vencer mil batalhas, se depois não for capaz de vencer a si mesma e as próprias paixões corruptas?".

Leitura bíblica

"E dizia a todos: 'Quem quiser vir após mim negue a si mesmo, carregue cada dia sua cruz e siga-me. Pois quem quiser salvar sua vida a perderá, mas quem perder sua vida por mim, esse a salvará. Com efeito, de que vale ao homem ganhar o mundo inteiro, se ele destrói ou arruína a si mesmo?'" (Lc 9,23-27).

Reflexão

O seguimento de Jesus exige uma saída de si mesmo, para que ele se torne vida em nossa vida. Carlo sempre se baseou e se serviu dos meios de que a Igreja dispõe para que caminhemos, seguindo todo dia a cruz, em busca da santidade.

Refrão orante

Daqui vos ilumino
(Ir. Verônica Firmino, fsp – Paulinas-COMEP)

Daqui vos ilumino e convosco estarei
Não temais! Vivei em contínua conversão
Vivei, vivei em contínua conversão
Vivei, vivei em contínua conversão. (bis)

Oração final

Ó Deus, nosso Pai, obrigado por nos terdes dado Carlo, modelo de vida para os jovens e mensagem de amor para todos. Vós fizestes com que ele se apaixonasse pelo vosso Filho Jesus, fazendo da Eucaristia a sua "rodovia para o céu". Vós lhe destes Maria, como mãe amadíssima, e fizestes dele, com o Rosário, um cantor da sua ternura. Aceitai a sua oração por nós. Olhai especialmente para os pobres, que ele amou e socorreu. Concedei também a mim, pela sua intercessão, a graça de que eu preciso [*fazer o pedido*], e tornai plena a nossa alegria, colocando Carlo entre os santos da vossa Igreja universal, para que o seu sorriso resplandeça ainda para nós, para a glória do vosso nome. Amém.

Pai-Nosso, Ave-Maria, Glória.

6º DIA

Anúncio e testemunho

Em nome do Pai e do Filho e do Espírito Santo. Amém!

Oração inicial

Ó Deus, nosso Pai, obrigado por nos terdes dado Carlo, modelo de vida para os jovens e mensagem de amor para todos. Vós fizestes com que ele se apaixonasse pelo vosso Filho Jesus, fazendo da Eucaristia a sua "rodovia para o céu". Amém.

Conhecendo Carlo Acutis

"Se as pessoas soubessem o que é a eternidade, fariam de tudo para mudar de vida."

Carlo, em toda a sua vida, desde os primeiros passos, mostrou ser uma pessoa que ajudava a todos, desde os pequeninos até os de idade mais avançada. Também uma característica que se ressalta na vida dele é seu amor pelos animais, por toda a criação, e sua aptidão para a tecnologia e a internet, tendo sempre como meta o anúncio e a partilha da sua experiência com a pessoa de Jesus.

Leitura bíblica

"E disse-lhes: 'Indo por todo o mundo, proclamai o Evangelho a toda criatura'. Eles saíram para proclamar em toda parte, cooperando com eles o Senhor e confirmando a Palavra pelos sinais que o acompanhavam" (Mc 16,15.20).

Reflexão

Hoje, cada pessoa é chamada a atualizar e a assumir a missão-envio dos discípulos de Jesus, para "ir e proclamar o Evangelho". Carlo foi como o bom discípulo, que, ao escutar este convite, proclamou com o seu testemunho de vida e com os seus dons, em plena sintonia com Deus, o projeto de salvação.

Refrão orante

Buscar a santidade
(Ir. Verônica Firmino – Paulinas-COMEP)

Na santidade devo viver
A santidade devo buscar

Viver na santidade
Buscar a santidade
Viver na santidade
Buscar a santidade. (bis)

Oração final

Ó Deus, nosso Pai, obrigado por nos terdes dado Carlo, modelo de vida para os jovens e mensagem de amor para todos. Vós fizestes com que ele se apaixonasse pelo vosso Filho Jesus, fazendo da Eucaristia a sua "rodovia para o céu". Vós lhe destes Maria, como mãe amadíssima, e fizestes dele, com o Rosário, um cantor da sua ternura. Aceitai a sua oração por nós. Olhai especialmente para os pobres, que ele amou e socorreu. Concedei também a mim, pela sua intercessão, a graça de que eu preciso [*fazer o pedido*], e tornai plena a nossa alegria, colocando Carlo entre os santos da vossa Igreja universal, para que o seu sorriso resplandeça ainda para nós, para a glória do vosso nome. Amém.

Pai-Nosso, Ave-Maria, Glória.

7º DIA

Com Jesus Eucarístico

Em nome do Pai e do Filho e do Espírito Santo. Amém!

Oração inicial

Ó Deus, nosso Pai, obrigado por nos terdes dado Carlo, modelo de vida para os jovens e mensagem de amor para todos. Vós fizestes com que ele se apaixonasse pelo vosso Filho Jesus, fazendo da Eucaristia a sua "rodovia para o céu". Amém.

Conhecendo Carlo Acutis

"A Eucaristia é a minha autoestrada para o céu."

Carlo nutria desde muito cedo o desejo de receber a Eucaristia, tanto que isso lhe foi concedido realizar por causa de sua maturidade e de sua constante formação cristã. E, no dia 16 de junho de 1998, com então sete anos de idade, o pequeno Carlo pôde receber a Eucaristia no Mosteiro de Bernaga, em Perego, Itália. A Eucaristia, vivida e experienciada por Carlo, traz dois significados importantes: comunhão e adoração. Na adoração, mistério, silêncio, escuta daquilo que o Senhor tem a nos dizer; e, na comunhão, contemplação de Deus, na vida pessoal e comunitária.

Leitura bíblica

"Sou eu o Pão da Vida. Vossos pais, no deserto, comeram o maná e morreram. Este é o pão que desce do céu para que aquele que dele comer não morra. Eu sou o Pão Vivo que desceu do céu. Quem comer deste pão viverá para sempre, e o pão que eu darei para a vida do mundo é minha carne" (Jo 6,48-51).

Reflexão

Jesus se autoafirma "Pão da Vida", que se ofereceu inteiramente por amor. Esse clima de comunhão e adoração vivenciado é um convite para uma tomada de consciência do valor e do significado da Eucaristia para a vida de cada pessoa em nosso tempo. Na vivência dos sacramentos, "a graça sacramental é a graça do Espírito

Santo, dada por Cristo e peculiar a cada sacramento. O Espírito cura e transforma os que o recebem, conformando-os com o Filho de Deus" (Catecismo da Igreja Católica, 1129).

Refrão orante

Te adoramos, ó Jesus Mestre
(Ir. Verônica Firmino, fsp – Paulinas-COMEP)

Te adoramos! Te adoramos! (bis)

Te adoramos, Jesus Verdade
Te adoramos, te adoramos
Te adoramos, Jesus Verdade

Te adoramos, Jesus Caminho
Te adoramos, te adoramos
Te adoramos, Jesus Caminho

Te adoramos, ó Jesus Vida
Te adoramos, te adoramos
Te adoramos, ó Jesus Vida

Te adoramos, ó Jesus Mestre
Te adoramos, ó Mestre, Caminho,
    Verdade e Vida
Te adoramos, ó Mestre, Caminho,
    Verdade e Vida

Oração final

Ó Deus, nosso Pai, obrigado por nos terdes dado Carlo, modelo de vida para os jovens e mensagem de amor para todos. Vós fizestes com que ele se apaixonasse pelo vosso Filho Jesus, fazendo da Eucaristia a sua "rodovia para o céu". Vós lhe destes Maria, como mãe amadíssima, e fizestes dele, com o Rosário, um cantor da sua ternura. Aceitai a sua oração por nós. Olhai especialmente para os pobres, que ele amou e socorreu. Concedei também a mim, pela sua intercessão, a graça de que eu preciso [*fazer o pedido*], e tornai plena a nossa alegria, colocando Carlo entre os santos da vossa Igreja universal, para que o seu sorriso resplandeça ainda para nós, para a glória do vosso nome. Amém.

Pai-Nosso, Ave-Maria, Glória.

8º DIA

Elos de fidelidade

Em nome do Pai e do Filho e do Espírito Santo. Amém!

Oração inicial

Ó Deus, nosso Pai, obrigado por nos terdes dado Carlo, modelo de vida para os jovens e mensagem de amor para todos. Vós fizestes com que ele se apaixonasse pelo vosso Filho Jesus, fazendo da Eucaristia a sua "rodovia para o céu". Amém.

Conhecendo Carlo Acutis

"A alma, para elevar-se a Deus, necessita desfazer-se também dos pesos menores."

"Fidelidade" é uma palavra muito presente na vida de Carlo, não apenas a palavra, mas sua vida é direcionada para uma aliança pessoal e profunda com Deus. O sacramento da Reconciliação era para ele como um programa de vida, um exercício contínuo de reconhecer a própria vida colocada nas mãos de Deus.

Leitura bíblica

"Portanto, por Cristo, somos embaixadores, como se Deus exortasse por intermédio de nós. Em nome de Cristo, suplicamos-vos: reconciliai-vos com Deus! Aquele que não conheceu o pecado se fez pecado por nós, para que nós nos tornássemos, nele, justiça de Deus" (2Cor 5,20-21).

Reflexão

Carlo Acutis tinha consciência da importância dos sacramentos em sua vida e os buscava incessantemente, como preparação para a eternidade. Pensemos: como me preparo para vivenciar os sacramentos? Como está a minha preparação para a eternidade?

Refrão orante

Santifica minha mente
(Ir. Verônica Firmino – Paulinas-COMEP)

Ó Jesus, Mestre de vida
Santifica minha mente

Santifica minha mente
E aumenta minha fé. (bis)

Oração final

Ó Deus, nosso Pai, obrigado por nos terdes dado Carlo, modelo de vida para os jovens e mensagem de amor para todos. Vós fizestes com que ele se apaixonasse pelo vosso Filho Jesus, fazendo da Eucaristia a sua "rodovia para o céu". Vós lhe destes Maria, como mãe amadíssima, e fizestes dele, com o Rosário, um cantor da sua ternura. Aceitai a sua oração por nós. Olhai especialmente para os pobres, que ele amou e socorreu. Concedei também a mim, pela sua intercessão, a graça de que eu preciso [*fazer o pedido*], e tornai plena a nossa alegria, colocando Carlo entre os santos da vossa Igreja universal, para que o seu sorriso resplandeça ainda para nós, para a glória do vosso nome. Amém.

Pai-Nosso, Ave-Maria, Glória.

9º DIA

Para sempre em Deus

Em nome do Pai e do Filho e do Espírito Santo. Amém!

Oração inicial

Ó Deus, nosso Pai, obrigado por nos terdes dado Carlo, modelo de vida para os jovens e mensagem de amor para todos. Vós fizestes com que ele se apaixonasse pelo vosso Filho Jesus, fazendo da Eucaristia a sua "rodovia para o céu". Amém.

Conhecendo Carlo Acutis

"Não eu, mas Deus."

Em outubro de 2006, Carlo descobre uma leucemia fulminante, que destrói os glóbulos vermelhos do sangue, e sua família, a partir daí, permanece com ele cotidianamente. Sua mãe e sua avó passam os últimos dias com ele no Hospital São Gerardo de Monza. Seu falecimento ocorre no dia 12 de outubro de 2006, quando então tinha quinze anos. Em 5 de julho de 2018, foi declarado venerável e, no dia 10 de outubro de 2020, bem-aventurado. Seu túmulo permanece aberto para veneração no Santuário da Espoliação, em Assis, Itália. Sua memória litúrgica é dia 12 de outubro.

Leitura bíblica

"Era já por volta da sexta hora, e houve trevas sobre a terra inteira, até a hora nona, tendo o sol se eclipsado. O véu do santuário rasgou-se ao meio. Exclamando com voz forte, Jesus disse: 'Pai, em tuas mãos entrego meu espírito'. E, dito isso, expirou" (Lc 23,44-46).

Reflexão

Desde o nascimento, a certeza que cada pessoa tem é de que um dia irá retornar à presença daquele que nos criou. O jovem Carlo fez sua Páscoa de forma muita rápida, mas a certeza é de que viveu e se doou intensamente por aqueles que o acompanharam. Peçamos que o Bem-aventurado Carlo Acutis possa continuar intercedendo pela juventude e pelo mundo da tecnologia.

Refrão orante

Pai, em tuas mãos... (cf. Lc 23,46)
(Ir. Celina Weschenfelder, fsp – Paulinas-COMEP)

Meu Pai, meu Pai, meu Pai, meu Pai
Meu Pai, meu Pai, meu Pai, meu Pai
Em tuas mãos eu me entrego
Em tuas mãos eu me entrego, entrego. (bis)

Oração final

Ó Deus, nosso Pai, obrigado por nos terdes dado Carlo, modelo de vida para os jovens e mensagem de amor para todos. Vós fizestes com que ele se apaixonasse pelo vosso Filho Jesus, fazendo da Eucaristia a sua "rodovia para o céu". Vós lhe destes Maria, como mãe amadíssima, e fizestes dele, com o Rosário, um cantor da sua ternura. Aceitai a sua oração por nós. Olhai especialmente para os pobres, que ele amou e socorreu. Concedei também a mim, pela sua intercessão, a graça de que eu preciso [*fazer o pedido*], e tornai plena a nossa alegria, colocando Carlo entre os santos da vossa Igreja universal, para que o seu sorriso resplandeça ainda para nós, para a glória do vosso nome. Amém.

Pai-Nosso, Ave-Maria, Glória.

Referências

A BÍBLIA. São Paulo: Paulinas, 2023.

FIGUEIREDO, Ricardo. *Não eu, mas Deus*. Biografia espiritual de Carlo Acutis. São Paulo: Paulinas, 2020.

OCCHETA, Francisco. *Carlo Acutis*: a vida além dos limites. São Paulo: Paulinas, 2018.

39

Rua Dona Inácia Uchoa, 62
04110-020 – São Paulo – SP (Brasil)
Tel.: (11) 2125-3500
paulinas.com.br – editora@paulinas.com.br
Telemarketing e SAC: 0800-7010081